Ingrid Fichtner

genaugenommen.
warum rosen

für Bettina:

1 Blick zurück ...

herzlichst,

Ingrid

EDITION HOWEG
1995

die widmung

inexistent, wohllaut aus
weisse oder der aufhebung des
warum licht auf überblühte
blätter, gezählt

gefaltet

weiss. es. das
blatt aber was
und wozu oder

hände. um den
strauss. und wozu
brechung : silben

die stimme

tagnacht-
gespinst / ge-
spräch / im geweb

auch wenn niemand

es hört / hindernislos.
schweiss, den ich fror.
hier

im gegenlicht : linien

die fäden aus wasser
streng gezogen / wer
wird sie zerstäuben
und warum mittag /
ohne grade

also punktgleich

oder : ortung durch addition
aber in der hand / des finders :
die blätter, die farben. und.
bewegungslos

versucht

das grenzenlos offene
blatt : umriss, umspielt
und fieberhaft fest /
gehalten, verdoppelt
ins zerknitterte bild

aber

dein lied.
fliegt.

über die schwarze erde

das.
sei also
nacht. und unteilbar über

andere. welten, die du denkst
zählen zu können wie achtel
oder viertel oder

halbe, die nie eins
ergeben. ohne rest.
ganz. das

blütenbündel

durchlässig, aber nicht in
fünf oder acht : not in
the tub, and no mermaid
involved sheer
weightlessness. the angel.
oder fisch. im flug.

also fliegen.

weil da ein himmel ist.
aber der zug. die vögel
hinter glas : rot auf grau
der grundriss : der stadt
oder des hauses, die felder vielfarbig
die seite der alten handschrift
buchmalerei / hinter glas:

der grössere

buchstabe. gelichtet.
was von selber kommt und.
darum nicht zu glauben. wenn

er da ist, der grössere
buchstabe, ohne bedingung
oder anspruch oder sinn. aber

verschwendung, rot getauscht

oder das zufällige :
fragment / der rest
saum oder malerischer
: hintergrund kein
stoff der abgerechnet
werden müsste : ein seltener.
kuss.

the key -

words : coupled / the curly brackets the
following : section, a number, might
solve : the equation, no
riddle this rough, re-
solution, abbreviation, a :
bundle of numbers

like

roses / the leaves / and.
you are mouthable.
and lush

die blätter, meinst du, und : was
ist dir : der punkt : der
reim :

über

den winkel / kontrapunktisch
im rhythmischen / wirbel / auf
der anderen seite ein rotes

fragezeichen : getrommelt / kein
gleich / klang / schritt ohne
dornen : welchem stein singst du -

und

reimt's auf ruh
wird's am ende
immer leben gewesen
sein und schön und du
kommst früh um früher
wieder zu gehen geht gegen
unendlich / gedankensplitter auf - u

druck

in den ohren. in
deine hand also

schneesturm. oder blütenkorb.
warum : nicht einmal feuer

/ dorn / vor / halt : in
den / ich falle : vor /

bild / blosses wort
geschehen nur kein flug

drei hügelflanken

auf der reise näher
besehen : warum :
orange die kühe
grossteils schwarz
aber unter den rosa
blühenden euka-
lyptusbäumen was
summt und
muht! glücklich
müssen sie sein

also landschaft

singen I can see what I kiss
vom singen rede ich nicht
can you swim?

hätte ich nur das fliegen verlernt / das
fliegen / verlernen wollen
under a San Francisco sky / sirens -

this is a description of an automobile
I understand all about them
remember what I said about a rhyme?

und nur du denkst
seekuh! und dazu
so viel

stränge

also träume ins gefieder : and
we murmered training
and we were asleep.

alle fäden : stimmen.
can you imitate a cow -
and so cold. but

I have changed
my mind
about the country-

/ also landschaft und wie hoch!
die kühe springen /
and she knows the rest

and will do it

and we'll do it talk
about the wheel: this
is a description of an automobile

and she knows the rest but

can you swim? or sing?

aber singe ich?
we do'nt mention singing.
with it. and with

you

will find it very easy
/ you can be so sweet /
to read to me and

sing
and I
sing too and I

have changed my mind
about the country / can
you try a new thing?

sing

nein, reimen, wolltest du : und.

try again. I
can see what I kiss we
do'nt mention singing and
you find it very

easy. read / to / me. and

rain. unseasonal. der
reim. und. blühen.
ohne enden.
also rosen

I hear you.

ich höre.

polizei, sirenen, Los Angeles sirens, der ball :
im hotel, ground level or lobby floor,
natürlich :
keine : schlaflose schönheit. man
tanzt was glänzt näher besehen nicht
tango
solange du -

remember

what I said, about the rhyme?
                      jump in the line. rock
your body / in time
remember what I
                      said, about the rhyme?
a ribbon.
                      no matter / what colour
a scarlet. your hair.
and a faraway voice

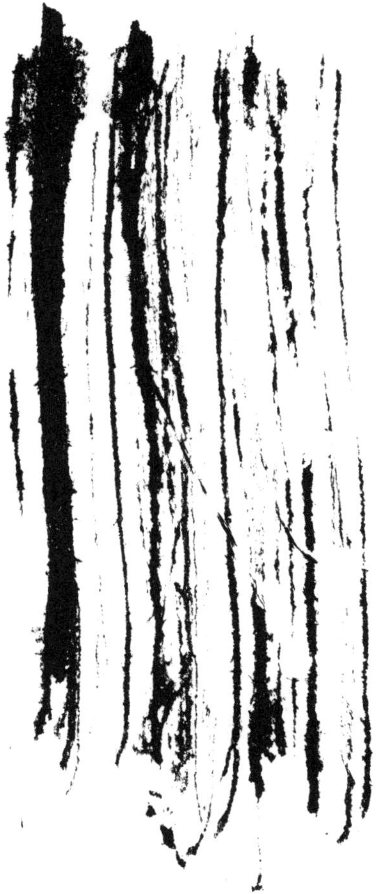

aber das glasrad

über dem kopf : die kreis-
bewegung ingang-
gesetzt. oder. ins
gefieder die helleren
träume weil immer :
frühling. und regen.
umschrieben.
ein tropfen. ein wort wie
magnetismus oder oberflächen-
spannung oder die sonne
oder frequenz im kristallgitter,
organisationsprozess : die lanthano-
idenkontraktion, die atommasse
steigend, oder die vor
dir ausgebreitete vollständig durchsichtige -

stimme. entfernt.
modell.
für eine wirklichkeit

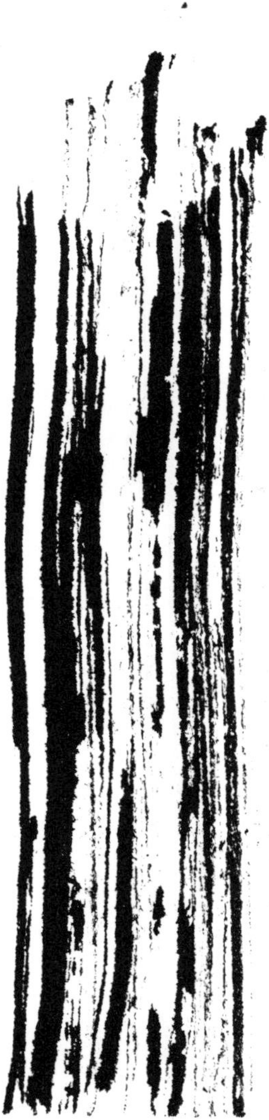

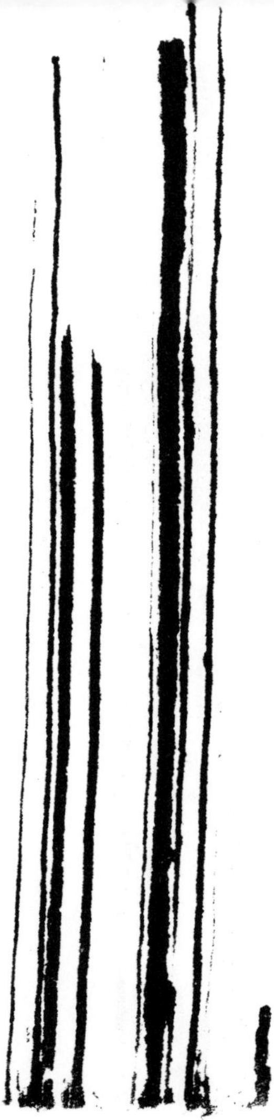

say it again

strawberry.
only to be

dipped. in water.
also getaucht.

kind of -

a kind / akin
one kind, a kind
a flock but no
a school. of. fish,
and flying,
after all

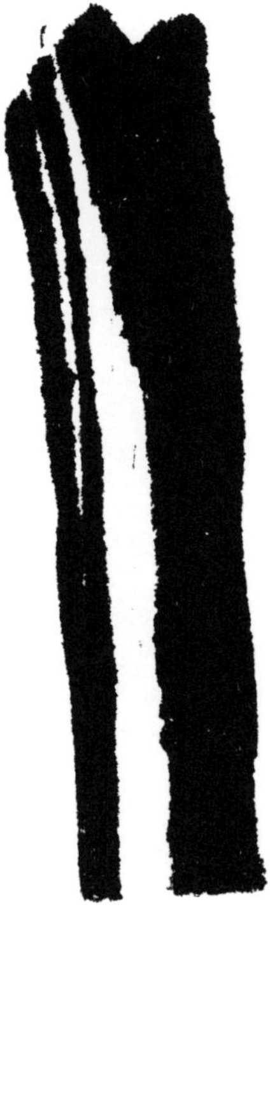

das plötzliche lachen :

a cow / fish : laternen
fisch : fächerfisch zu
überfliegen, am rande
die farbe / and

me leaning on
the lamppost /
so lange du
denkst -

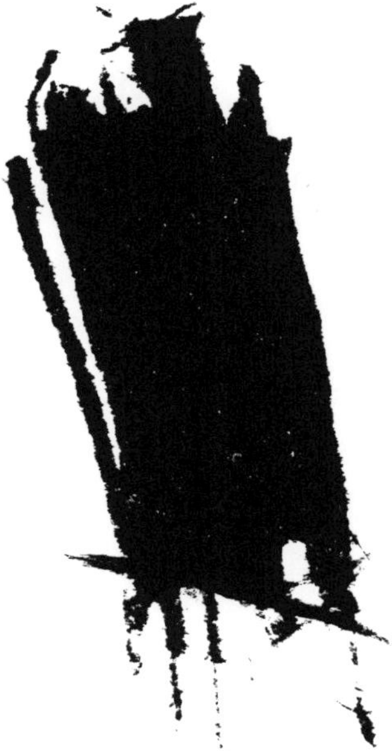

das plötzliche lachen :

a daisy. a daisy, in
my window. tip my cup.
forget. the strawberry. coconut :
coconut, woman, candy -

gebündelt,

a cup of gold.
a braze of bright sunlight.

aber das wasser. züngelt.

grün. und die nacht. das
verlöschende tuch

aufgeschlagen

aufgewürfelt oder in
bündeln / das ewig
gewechselte laken / das - s
gezogen
also los -

die farbe der frucht : warum
schwarz : nach der späten
schale von rosen, oder diesem
geschmack von dir / der
geblieben ist

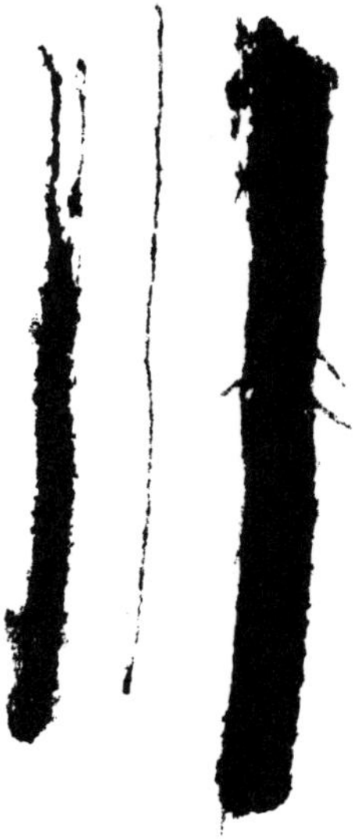
川

zum

frühstück. doch
die erdbeere.

nur getaucht.

in wasser.
oder rahm.

oder

oberflächenklang / far out
und weiter : die luft :
vertrunken : abrieb aus
blüte : aber ein boden
tut sich auf

far out

und weiter.
abrieb. riss.
aus : aus dem
unmittelbar
himmel treibt. in
irgendeiner farbe

die nahtstelle

streetweek / unter den
arm geklemmt / das klappbett
zuweilen / die eingestandene
folgenlosigkeit : warum raucht
der mann / am dach
gegenüber wort
für wort : gelesen
gelegen gekommen als
blatt, blütenblatt, hin
weiss, das ähnlich
gelagerte : gebündelt,
lang noch kein
beweis für einen

himmel

als paraphrase
zwischen. da und
dort. also das bild
das hängende / licht
im spiegel im spiegel im
spiegel gespiegelt im
SPIEL ! also
stein oder stern. also
erinnerung. aber
der helle traum.
fährt über hügel.

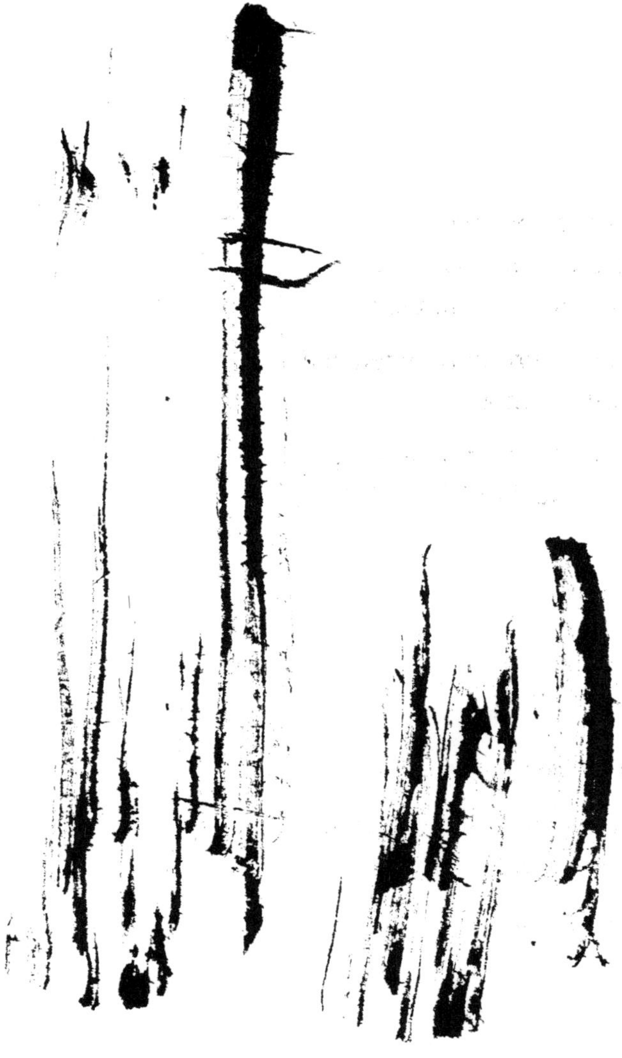

S.F. Taxi

türen schlagen polster-
sitze / hügel : giessen / enge
strassen in die breitern: platanen

alleen reihen spring! brunnen und
Mario Bottas sfmoma

they won't let me write nothing
new / only one drop! / of ink /
for you

from my
lips to yours

also : dir : diesen einen
tropfen
aus dem sonnenuntergang -

und warten. und kein bild. und.
das rot. zerrissen.

vor der weissern wand

also jenseits

die grenze
blau, das blendet,
wie der himmel -
hier. nur weniger
heiter: also blick,
aus augen auf

gegangen wie wirklich also ver-
gangen wie: nein: wie nichts
also nur weniger
heller
als nacht

also die alten
wörter. und warten.
und kein bild
zwischen da und
dort. aber das rot.

regen

die schnüre
sichtbar gespannt

schwarz gedacht
/ fragment.

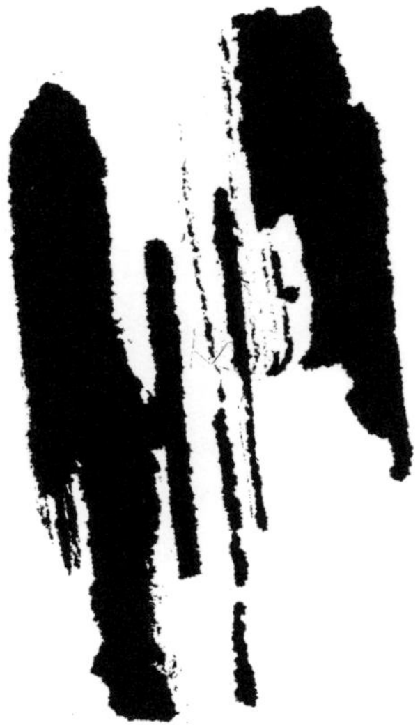

der krebsgang

ausgezählt.
die strenge.
komposition

zu greifen

also papier, ein
stück, ein blatt
ein rosenblatt
/ fragment / zer
rieben über dem
blatt : je
mehr desto mehr

landschaft

die strecke nicht zu über
tönen das blau
und vielleicht auch
summe

von sträussen : die blüte

/ meandering / geadert, keine gestellte
fotographie : das knospeninnere, ragend
wie hoch!

zeit. jetzt, in schlaufen
/ die blüte

geadelt: also das holz : rosenholz / drifting
und aufgeworfen : münzen.
oder musik. züngelnd

regen

die lippen befeuchtet
die hände und.
fliegen. federleicht.
die linie. auf dem
papier das

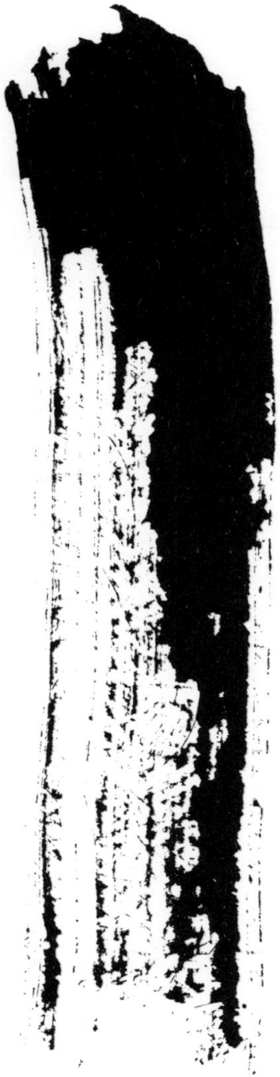

warn

dreieck : wie ich übersetze
: lethe / styx, ich weiss
ja nicht welche deine -
die halbe / münze
geworfen / oder
dort, oder jetzt, oder
das bild, also die zeile
vereinzelt

der gesteigerte umsatz

keine vermischung die
vom blatt tröpfelt, zu fliessen
beginnt rinnt transkription
das randrote blatt.
nicht spielen. das stichwort
im tempo wechsel die finger
schon blutig. ans ende
der schlaflosigkeit :
züngig

der marmor /

die wände
wasserüberrieselt
aber welcher
fächer oder wessen
bild - und wie

: gewinde

die satzgruppe
: gewinde, ge-
flecht. was es dir
ist. der strauss.
rosen. komm.
und zerpflück

das

blütenblatt.
rosen. aber
warum

nicht

nicht sehn-
sucht erinnerung der :
der rosen nichts nicht
lust nicht widerspruch
nicht not nicht schlaf
den niemand schläft

inhalt

die widmung	7
gefaltet	8
die stimme	9
im gegenlicht : linien	10
also punktgleich	11
versucht	13
aber	14
über die schwarze erde	16
blütenbündel	17
also fliegen	19
der grössere	20
verschwendung, rot getauscht	21
the key	22
like	23
über	24
und	25
druck	26
drei hügelflanken	28
also landschaft	29
stränge	30
and will do it	31
you	32
sing	33
ich höre	34
remember	35
aber das glasrad	38

say it again	41
kind of-	42
das plötzliche lachen :	44
das plötzliche lachen :	46
gebündelt	47
aufgeschlagen	48
zum	50
oder	51
far out	52
die nahtstelle	53
himmel	54
S.F. Taxi	56
also jenseits	57
regen	58
der krebsgang	60
zu greifen	61
landschaft	62
von sträussen : die blüten	63
regen	65
warn	67
der gesteigerte umsatz	68
der marmor /	69
: gewinde	70
das	72
nicht	73

Verlegt 1995 bei Edition Howeg
Waffenplatzstrasse 1, CH-8002 Zürich
Auflage 500 Exemplare
15 Exemplare als Vorzugsausgabe
mit je einer Tuschezeichnung von Ingrid Fichtner

© Edition Howeg + Ingrid Fichtner

Gesamtherstellung:
Juris Druck + Verlag AG Dietikon

ISBN 3-85736-132-8